О ЧЁМ ДОЛЖНА БЫТЬ ЭТА КНИГА?

Коли Регельман

Author League

Вдохновляйте на критическое мышление, креативность, сотрудничество и общение.

Books@AuthorLeague.com

Я хочу написать книгу, но не знаю, о чём она должна быть!

Может быть, про пчёлку?

Или про бабочку?

А может, про машину?

У меня есть идея!
Давайте возьмём всех троих—
ведь мне три года!

Пчёлка и бабочка залетают в машину.
Окна яркие и чистые.
Солнце делает так, что кажется,
будто они снаружи!

Ой-ой! Они застряли в машине.
Они спрашивают: «Куда мы едем?»

Бабочка испугалась.
«Не бойся,» — говорит пчёлка.
«Я помогу нам найти выход.»

Вдруг дверь машины открывается.
И они вылетают.
Ж-ж-ж! Фыр-фыр!
«Полетим к моему улью —
там будет сладкий сюрприз!»
говорит пчёлка.

Они добираются до улья и пробуют мёд. Он сладкий, липкий и очень вкусный!

Всё стало замечательно.

Ты тоже можешь написать свою историю.
Будь собой!

Author League

Издано Author League, ISBN: 978-1-63971-758-3, Атрибуция фотографий: CanvaPro, Copyright © 2024 Author League. Все права защищены. Никакая часть данной публикации не может быть воспроизведена или использована в любой форме и любыми средствами без письменного разрешения издателя.

www.ingramcontent.com/pod-product-compliance
Lightning Source LLC
Chambersburg PA
CBHW041525070526
44585CB00002B/89